A Monsieur André Pottier conservateur de
la Bibliothèque de Rouen

hommage de l'auteur

HISTOIRE DE DEUX SONNETS,

ÉTUDE LITTÉRAIRE SUR LE XVIIe SIÈCLE,

PAR

M. Eugène DE BEAUREPAIRE.

Il est un genre de poésie dont l'histoire présente une foule de curiosités piquantes, de détails ignorés ou peu connus. Ce petit genre frivole, autrefois élevé si haut même par de graves jurisconsultes, aujourd'hui si peu en faveur malgré de nombreuses tentatives de restauration, n'est rien autre chose que le Sonnet. Son histoire a été doctement exposée par Vauquelin de la Frenaye, et, après lui, par Colletet l'Ancien. Plus tard, Boileau s'est efforcé, dans son *Art poétique*, d'en exposer les règles et d'en démontrer l'excellence[1]. Assurément, au siècle de Louis XIV, ce jeu puéril des époques galantes et affectées, était bien mort, quoiqu'il conservât encore les apparences de la vie, mais le temps de sa splendeur était si rapproché de celui de son déclin, que Despréaux se vit forcé de lui consacrer quelques vers qui sont, à vrai dire, son épitaphe. C'est sans doute aux souvenirs de sa jeunesse et à ses premières admirations qu'il faut attribuer l'opinion favorable du grave législateur du Parnasse sur le sonnet.

[1] Voir les *Arts poétiques* de Vauquelin de la Fresnaye, de Colletet, de Boileau, et l'article de M. Théophile Gautier sur le second de ces poètes. *Les Grotesques*, t. I.

Il en était autrement sous Louis XIII et pendant la régence orageuse de son successeur. Dans cette période, qui était tout à la fois la fin de la Renaissance et l'aurore du xviiᵉ siècle, le sonnet était en pleine vigueur; il régnait d'une manière exclusive dans les boudoirs et les salons. Les plus grands poètes, les hommes les plus considérables, ministres, princes, magistrats, évêques et généraux, s'exerçaient dans ce genre, et l'approbation des ruelles aristocratiques ne leur faisait jamais défaut.

Depuis l'époque des troubadours jusqu'à celle de Ronsard, le sonnet n'avait pas encore joui en France d'une faveur aussi remarquable. Les poésies de Fouques et les chants de Rembaut, ces sonnets gracieux [1] qui donnèrent à Pétrarque l'idée des vers qu'il adressa à Laure, n'eurent certainemen¹ pas une vogue comparable à celle qui s'attacha, sous Louis XIII, aux plus misérables productions de ce genre. Thiard, Saint-Gélais, Du Bellay, Ronsard, Vauquelin, Desportes, Scève et Bertaut, tous ces auteurs, aussi bien que leurs héroïnes, Olive, Cassandre, Francine et Marie, sont aujourd'hui bien oubliés, et ce n'est pas par leurs sonnets qu'ils excitèrent, parmi leurs compatriotes, le plus grand enthousiasme. Il en fut bien autrement de Voiture et de Benserade; ni le sonnet épicurien de Des Yveteaux, ni la *Belle Matineuse* de Malleville, ni le sonnet pénitent de Des Barreaux, ni même les vers de Sarrasin sur Ève, dans lesquels il déploya toute l'ironie charmante de son esprit, ne peuvent rivaliser, pour le retentissement, avec les sonnets de *Job* et d'*Uranie*. La querelle qu'ils suscitèrent a laissé sa trace dans l'histoire de la littérature, et l'éclat qu'ils jetèrent sur Benserade et Voiture fut tel, qu'ils les rendirent, comme s'exprime le vieux Postel, les *parangons des esprits de leur âge* ². Certes il est peu d'œuvres échappées à la pensée humaine, autour desquelles il se soit fait autant de bruit, et il en est peu qui

----

¹ Vauquelin, *Art poétique.*

> A leur exemple prist le bien disant Pétrarque
> De leurs graves sonnets l'anticque remarque.
> . . . .
> . . . .
> Et ce qui fait priser Pétrarque le mignon,
> C'est la grâce des vers qu'il prist en Avignon.

² Postel, *Les très merveilleuses victoires des Femmes*, p. 1.

fussent pourtant plus indignes d'une semblable manifestation. Du reste, ce contraste entre la valeur réelle de l'œuvre et son éphémère réputation est précisément ce qui constitue le piquant de ce singulier épi. ode de l'histoire du sonnet.

Ce fut non pas en 1651, comme l'ont écrit tous les auteurs d'après l'abbé Gouget et Moréri, mais bien dans les premiers jours de l'hiver de 1649, qu'éclata tout à coup cette querelle littéraire dont il est assez difficile d'indiquer, d'une manière plus précise, le début. Des renseignements puisés dans les mss. de l'académicien Conrart et dans les œuvres d'Antoine Halley, professeur du roi en éloquence à l'Académie de Caen, ne permettent pas le moindre doute sur ce point [1].

Le premier de ces sonnets, celui de Job, qui venait d'être adressé, en même temps qu'une paraphrase des souffrances de ce saint personnage, à une dame de la Cour, était l'œuvre d'un gentilhomme normand, Isaac de Benserade, dont la noblesse était problématique, mais dont, en revanche, l'esprit, le parfait savoir-vivre étaient incontestables. Saint Évremond disait de lui : « Benserade a un carac- « tère si particulier, une manière de dire les choses si agréable, « qu'il fait souffrir les pointes et les allusions aux plus délicats [2]. » Le second, imitation, si l'on en croit Ménage, d'une épigramme de l'Anthologie attribuée à Phiodème [3], avait été publié plus de vingt ans auparavant ; il avait pour auteur le fils d'un marchand de vin, Voiture, qui, par les qualités exquises de son esprit, avait fait si bien son

---

[1] Antonii Hallœi *Opuscula*. Caen, Jean Cavelier, 1675, p. 287 et ss. Mss. de Conrart, t. XI, p. 113. Bibliothèque de l'Arsenal, n° 2830.

La première lettre de M. Aubert sur les sonnets est des premiers jours de décembre 1649. La réponse de M. Halley est du 25 décembre même année, et la dernière lettre de M. Aubert est du 1er janvier 1650. Quant à M. Conrart, voici en quels termes il s'exprimait :

« Au mois de décembre 1649, toute la Cour fut partagée sur deux sonnets : l'un de Voiture, qui commence : « Il faut finir mes jours dans l'amour d'Uranie », et l'autre de Benserade, dont le premier vers est : « Job, de mille tourments atteint » ; chacun prit party et se déclara pour celuy qu'il trouvoit le plus beau, etc. »

Notes communiquées par MM. Natalis Bourdon et Adolphe Tardif, ancien élève de l'Ecole des chartes.

[2] Saint Évremond, *OEuvres complètes*. Lettre à madame de Mazarin.

[3] *Anti-Baillet*, t. II, p. 275.

chemin dans le monde, qu'il était devenu tout à la fois le roi des
littérateurs et des dandys [1]. Chose étrange, cet homme, qui n'avait
pour lui ni la naissance, ni la fortune, ni la beauté, avait réussi, par
l'atticisme parfait de ses manières, par la recherche distinguée de
son style, par le charme de sa conversation, à renverser si bien les
barrières aristocratiques, qu'il marchait de pair avec les princes, et
que les plus nobles dames se disputaient ses lettres et son amitié.
L'*Uranie* fut, pour Voiture, le premier pas dans cette carrière qu'il
devait parcourir avec tant d'éclat. Elle le plaça de prime-abord au
rang des maîtres, et lui valut les suffrages de Balzac et de Malherbe,
ces appréciateurs suprêmes du mérite littéraire de leur temps. Balzac,
comme il le dit lui-même en parlant du sonnet de Voiture, avait été,
pour ainsi dire, « la sage-femme de ce bel enfant », il l'admirait depuis
les pieds jusqu'à la tête ; et, quand il l'eut porté à ce bonhomme,
M. de Malherbe, ce dernier resta surpris et s'étonna qu'un aventurier
qui n'avait point été nourri sous sa discipline, qui n'avait point pris
attache ni ordre de lui, eût fait si grand progrès dans un pays dont
il disait qu'il avait la clé [2]. Mais, depuis ce jour, bien des années
s'étaient écoulées, et, à l'instant où nous sommes arrivés, Benserade
balançait la vogue des écrits de Voiture ; il tendait à la faire oublier,
et préludait déjà aux succès qu'il devait obtenir plus tard dans les
ballets de la nuit, des muses, des arts et des plaisirs [3]. Cette crise
dans la réputation de Voiture eut lieu lors de l'apparition du sonnet
de Benserade. A ce moment critique, toute la Cour se divisa d'opi-

---

[1] Saint-Évremond, *OEuvres*, t. V, p. 49 : « On ne saurait disputer à Voiture
le premier rang en toute matière ingénieuse et galante. » M. de Sallengre,
s'appuyant sur l'autorité de Perrault, confirme ce jugement en ces termes :
« Personne n'ignore que Voiture et Benserade ont été deux des plus beaux
esprits que la France ait eu dans le siècle passé ; leurs vers ont quelque chose
d'original que personne encore n'a pu imiter. »
Mémoires de Littérature, par M. de Sallengre. La Haye, Henri du Sauzet,
1715, 1717, 2 vol. in-8, t. I, 1re partie, p. 120.

[2] Balzac, *Dissertations critiques*, 2 vol. Louis Billaine, 1665, ch. 1er. Conf.
Tallemant des Réaux, t. I, p. 182, *Historiettes*, édition de Montmerqué.

[3] Le ballet de la nuit fut dansé en 1652 ; le ballet des arts en 1663 ; celui des
plaisirs en 1655. Ces ballets sont au nombre de 24. Le dernier, intitulé : *Le
Triomphe de l'Amour*, fut dansé à Saint-Germain en 1681.

nion ; les uns tenaient pour *Job*, les autres pour *Uranie ;* c'est alors
que prirent cours ces noms d'Uranins et de Jobelins, qualificatifs sin-
guliers qui servaient à désigner les partisans de l'un et de l'autre
sonnet [1]. L'agitation poétique, favorisée par l'esprit de l'époque, ne
s'arrêta pas là ; comme la Fronde, dont elle forme pour ainsi dire l'un
des intermèdes, elle gagna peu à peu Paris et les provinces, si bien
qu'il n'y eut pas de cercle tant soit peu littéraire qui ne vit ses habi-
tués se partager en deux camps hostiles et profondément séparés.
C'est ce qu'exprime d'une manière assez vive le dizain suivant, em-
prunté à la rare collection publiée par de Sercy :

> « Il n'en faut ma foi plus parler,
> La paix d'entre nous est bannie ;
> Il faut partout se quereller,
> Ou pour Job ou pour Uranie.
> On voit en divers sentiments
> Les maîtresses et les amants,
> Les cousins et les cousines ;
> Et les astres sont si malins,
> Que les femmes sont Uranines,
> Et tous les maris Jobelins [2]. »

Ce n'est pas tout ; les poètes jugèrent à propos d'intervenir dans
le débat, et alors s'engagea une mêlée formidable de sonnets, de
madrigaux, de rondeaux et d'épigrammes pour ou contre. Dans une
déclaration d'amour, on trouvait le moyen de glisser, entre deux vers
cavaliers, son opinion sur la querelle pendante devant le public ;
dans une chanson, au milieu de l'enthousiasme bachique, le poète
se ravisait, et vous lançait une allusion aux fameux sonnets. On alla
même jusqu'à faire sur ce sujet un comédie dont les personnages se
nommaient : Job, Uranie, la Critique, la Comparaison, le bel-

---

[1] M. de Sallengre, *Mémoires de Littérature*, p. 120, s'exprime ainsi sur le
début de la querelle : « Comme Benserade parlait fort librement, il ne manquait
pas d'ennemis..... Ceux-ci, jaloux des louanges dont on l'accablait, préten-
dirent que son sonnet n'approchait pas de celui que Voiture avait fait pour une
dame sous le nom d'Uranie. Ce différend partagea la cour et la ville. »

[2] *Poésies choisies;* Charles de Sercy. Paris, 1658, p. 441.

esprit Quinola et Rabatjoie[1]. Et il ne faut pas croire que les poètes médiocres seuls exerçassent leur verve sur cette rivalité, ridicule aujourd'hui, mais alors palpitante d'intérêt. Le grand Corneille se rendit coupable à cette occasion de deux sonnets et d'une épigramme que nous ne citerons pas par respect pour son génie. Le grave Chapelain figura dans cette guerre poétique à côté de Le Bret, de La Folaine, de De Laye, de Chevreau, du visionnaire Desmarets, de M. et de mademoiselle de Scudéry, de Viguier de la Mesnardière et de l'austère de Montausier[2]. Sarrazin, le spirituel Sarrazin, adressa à M. Esprit de l'Oratoire une glose bouffonne beaucoup plus réjouissante que l'un et l'autre sonnet. Cette pièce curieuse, critique dé-

[1] *Le Jugement de Job et d'Uranie*, comédie.

ACTEURS :

Job, sonnet de Benserade.
Uranie, sonnet de Voiture.
La Critique, reine de la science tyrannique.
La Comparaison, confidente de la critique.
Le Bel-Esprit Quinola de la critique.
Rabaioye, petit lacquais portant sa queue.
Chœur des femmes et des poëtes.
Chœur des filles.

Poësies choisies, p. 450.

[2] Id., p. 417 à 450.

Voici comme spécimen curieux quelques vers de mademoiselle de Scudéry et de M. de Montausier :

> A vous dire la vérité,
> Le destin de Job est étrange,
> D'être toujours persécuté,
> Tantôt par un démon, et tantôt par un ange.

Mademoiselle de Scudéry, p. 425.

> Par quelle bizarre aventure
> Job est-il assez insolent
> Pour vous disputer, cher Voiture,
> La qualité de plus galant?
> Madame de Saintot en gronde,
> Et se plaint de voir qu'à la Cour
> On vous préfère, en cas d'amour,
> Le plus galeux galant du monde.

De M., p. 445.

vergondée du sonnet de Benserade, jeu d'un esprit souple et délié,
se termine par les deux strophes suivantes :

> Mais à propos, hier au Parnasse
> De sonnets Phébus se méla,
> Et l'on dit que de bonne grâce
> *Il s'en plaignit, il en parla.*
>
> J'ayme les vers des Uranins,
> Dit-il, mais je me donne aux diables,
> Si pour les vers des Jobelins
> *J'en connais de plus misérables.* [1]

Benserade, qui d'abord s'était tenu prudemment à l'écart, rentra
bientôt en lice, et fit assaut avec ses adversaires de politesse et de
courtoisie. Malheureusement tous ces efforts se dépensaient en pure
perte, la querelle restait indécise, et malgré tant d'attaques et de
ripostes ingénieuses, les Jobelins et les Uranins se partageaient,
d'une manière à peu près égale, les suffrages du public.

Cependant il n'eût pas été malaisé de présager, dès le début, l'issue
définitive de la lutte. En effet, si le prince de Conti, madame de
Brégy et la princesse Palatine tenaient pour Job, on voyait à la tête
du parti opposé, avec madame de Saintot et mademoiselle de Rambouillet, la célèbre duchesse de Longueville. Cette princesse, sœur
du grand Condé et du prince de Conti, entrait alors dans la période
éclatante de sa vie. A la fois femme de lettres et femme du haut
monde, elle exerçait au profit de sa coterie cette omnipotence littéraire qui appartint aussi à Julie d'Angennes et qu'exerça plus tard,
d'une manière moins prépondérante, madame de Sévigné. C'était
une des habituées de l'hôtel de Rambouillet et de l'hôtel de La
Rochefoucauld. Dès 1631, Bridart lui dédia une tragi-comédie inti-
tulée *Uranie*, Chapelain lui lut souvent des passages inédits de *la Pu-
celle*, et ce fut sous son puissant patronage que Georges de Scudéry
plaça le *Grand Cyrus*. Sa beauté était non moins remarquable que

---

[1] Sarrazin, *OEuvres complètes*, t. II, p. 214. Le dernier vers de chaque
trophe est un vers du sonnet de Job.

son esprit. « Son teint de perle, sa physionomie d'ange, sa langueur, qui touchait plus que le brillant des autres, » étaient célèbres
parmi ses contemporains. Aussi, comme le remarque M. Cousin, la
proclamait-on unanimement le juge souverain de tous les écrits, la
reine du bel esprit, l'arbitre du goût et des élégances [1]. Pour toutes
ces raisons, auxquelles il convient d'ajouter cette ardeur fiévreuse et
désintéressée qui l'emporta toujours, madame de Longueville était un
important appoint dans la partie engagée devant le public littéraire
à l'occasion des deux sonnets. Benserade le savait à merveille, et
lorsqu'il connut l'opinion de la duchesse, il ne s'illusionna pas un seul
instant sur sa portée. Il regarda son succès comme singulièrement
compromis. Et pourtant, quoique ces sonnets, galants jusqu'à l'affé-
terie, soient tous deux assez médiocres, Job était incontestablement,
je ne dirai pas le meilleur, mais le plus ingénieux et, somme toute,
le moins mauvais.

Mais le goût si sûr de madame de Longueville était influencé par
des motifs tellement impérieux, qu'ils ne lui laissaient pas sa délica-
tesse accoutumée. Avant de connaître les deux sonnets, elle se fût
décidée pour Voiture, son hôte habituel, son aimable *épistolier*, et,
jusqu'à un certain point, son ami de cœur. Elle ne pouvait oublier
qu'à une époque où elle n'était encore que mademoiselle de Bourbon,
Voiture disait d'elle, en la comparant à l'égyptienne Epicharis :
« Dès sa première jeunesse, elle vola la blancheur à la neige, et aux
« perles l'éclat et la netteté. Elle prit la beauté et la lumière des
« astres, et il ne se passe guères de jour qu'elle ne dérobe quelques
« rayons au soleil et ne s'en pare à la vue de tout le monde [2]. »
D'ailleurs, à son retour de Munster et avant les cruelles épreuves
qui brisèrent son existence, madame de Longueville était un peu

----

[1] M. Cousin, *Revue des Deux-Mondes*, 1er août 1851, p. 403. On pourrait
rapprocher de l'appréciation de M. Cousin, les jugements analogues du cardinal de Retz, du marquis de La Rochefoucauld, de Villefore, de madame de
Motteville et de M. Sainte-Beuve, *Revue des Deux-Mondes*, 1er août 1840. L'un
des meilleurs portraits de madame la duchesse de Longueville est conservé à
Versailles sous le n° 2195.

[2] Voiture, *OEuvres complètes*. -
Ce passage se trouve aussi rapporté dans l'*Anti-Baillet* de Ménage.

précieuse [1]. La langueur de cette protestation d'amour, dont la flatterie contemporaine lui faisait l'application, était en rapport avec la tournure de son esprit, disposé à pardonner sans peine ces querelles des sens et de la raison, si bien ridiculisées plus tard par Nicolas Boileau. En semblable occurrence, l'impartialité n'était guères possible. L'amitié jetait ses ornements sur ce mauvais sonnet, elle le métamorphosait en chef-d'œuvre, et communiquait aux moindres détails un charme de personnalité dont nous sommes mauvais juges, et que madame de Longueville pouvait seule parfaitement apprécier.

Elle alla même jusqu'à forcer Benserade [2] à convenir, en vers charmants, de sa défaite, et le prince de Conti [3] à modifier légèrement il

---

[1] Madame de Motteville elle-même accusait la duchesse de Longueville d'un peu d'affectation, ajoutant bien vite pour s'excuser de trouver des taches à une personne aussi accomplie : « Tous les hommes participent à cette boue dont ils tirent leur origine, et Dieu seul est parfait. » M. Cousin, *Revue des Deux-Mondes*, 1er août 1851.

[2] *Plaintes de Job à madame de Longueville.* Sonnet.

> Vous m'avez donc mis le dernier ;
> Un autre a sur moi la victoire
> Moi qui m'en faisais tant accroire,
> C'est assez pour m'humilier.
>
> Ce malheur me va décrier
> Par tout le temple de mémoire,
> Et decheu d'une haute gloire,
> Je m'en retourne à mon fumier.
>
> J'avois pour moy de grands suffrages,
> Mais à quoy bon ces avantages
> Puis que je n'ay pas vostre voix.
>
> Sur elle seule je me fonde
> Et, si je vous mens, que je sois
> Le plus méchant sonnet du monde.

Poésies choisies, p. 424.

[3] Jugement de M. Le P. de C.

> Ces deux sonnets n'ont rien de comparable ;
> Pour en parler bien nettement,
> Le grand est le plus admirable,
> Le petit est le plus galant.

Le père Tarteron attribuait encore au prince de Conti d'autres vers, mais comme le remarque M. de Sallengre, ces autres vers appartiennent à Corneille.

Poésies choisies, p. 418.

est vrai, mais à modifier sa première opinion. C'est à ce moment
que madame la comtesse de Bregy demanda à madame de Longueville une conférence pour défendre le malheureux sonnet de Benserade. La lettre de madame de Bregy met dans un jour trop curieux
le rôle important de la duchesse, pour que nous puissions nous dis-
penser de la transcrire ici :

« A Madame la duchesse de Longueville,

« Job dans les siècles passés ne fut guères plus humilié que je
« le suis aujourd'hui d'apprendre que j'ay pu me trouver contraire à
« l'opinion de votre Altesse. Car si je n'avais pas assez de sens pour
« m'y rendre conforme, mon esprit de devination devait servir
« l'autre en cette rencontre, et ne luy pas laisser la honte de se voir
« opposé à des sentiments que j'ay toujours reconnu règle avec
« laquelle on ne saurait faillir. Mais puisque j'ay pris la cause de Job,
« plus malheureux, puis qu'il souffre de vous, que par tous les pre-
« miers maux, trouvez bon, madame, que je vous demande la
« soirée de jeudy pour aller deffendre un malheureux à qui le diable
« a finement suscité votre persécution, comme le seul moyen de lui
« faire perdre cette patience qu'il garde depuis tant de siècles et qui
« ne se peut conserver quand on est méprisé de vous [1]. »

Cependant, la guerre poétique continuait, grâce à des Jobelins
intraitables qui, sourds à toutes ces avances gracieuses, persistaient
intrépidement dans leur appréciation primitive. Les amener à un
dédit était chose impossible, les laisser sans réponse, c'était avouer
l'indécision de la victoire. Madame de Longueville, qui ne pouvait
pas prendre le premier parti, n'était pas femme à se contenter du
second. D'ailleurs, il s'était formé un troisième groupe qui menaçait,
si l'on n'y prenait garde, d'englober les deux autres. C'était celui
des indifférents. M. le Prince en faisait partie, on n'avait jamais pu
lui faire dire lequel des sonnets il trouvait le meilleur, et il s'était in-
variablement contenté de répondre qu'il les trouvait tous deux fort
beaux ; sur quoi les railleurs disaient que c'était sa coutume de jouer

<hr>

[1] *Lettres et Poésies* de madame la comtesse de B... Leyde, Antoine Duval,
1666, p. 17. Voir la réponse de madame de Longueville, à la page 19

toujours les deux[1]. A ce parti appartenait l'auteur de l'épigramme suivante :

« A la Cour, quelle tyrannie !
Ma foi , l'on n'y saurait durer !
Il faut encor se déclarer
Ou pour Job ou pour Uranie.
Cent fois d'opinion je change ,
Cette comparaison étrange
Rend mon jugement interdit.
Cependant, quoique l'on en rie ,
Comme Roche du Maine a dit :
Je me déclare pour Tobie. [2] »

Pour comprendre le sens de ce dernier vers, il faut savoir que cette Roche du Maine était une fille de la reine qui , au lieu de dire qu'elle se déclarait pour Job, dit qu'elle se déclarait pour Tobie. Comme le rapporte de Sallengre, d'après Tallemant des Réaux[3], ce mot naïf fut longtemps la réponse de ceux qui voulurent garder entre les partisans de Benserade et de Voiture une stricte neutralité... Nous serions tenté de ranger encore parmi ces *partisans de Tobie*, quelque étrange que cela puisse paraître, le célèbre Balzac. Sollicité par le prince de Conti d'émettre son opinion[4], il releva avec un soin si minutieux (en treize chapitres) les taches de

[1] Mss. de Conrart, t. XI, p. 130. Bibliothèque de l'Arsenal , n° 2830.

[2] *Poésies choisies*, p. 439. On pourrait rapprocher de cette épigramme les quatre vers suivants cités par Sallengre :

Uranie et Job, ce me semble,
N'avaient rien à se demander ;
Ma foi, on devrait bien gronder
Ceux qui les mettent mal ensemble.

[3] Tallemant des Réaux , *Vie de Benserade*, t. V, édition de Montmerqué. De Sallengre, *Mémoires de Littérature*, t. 1, 1re partie, p. 121.

[4] *Les entretiens de feu M. de Balzac*. Paris, Aug. Courbé, 1557. La préface do l'archidiacre d'Angoulême, M Girard , contient une réponse assez curieuse à M. Costar, qui s'était plaint de ce que M. de Balzac « eût déchiré inhumainement ce beau sonnet d'*Uranie*. »

chacun des sonnets, qu'il est impossible de voir en lui un Jobelin ou
un Uranin déclaré. Voici du reste comment, dans la lettre neuvième,
il résume ses sentiments à cet égard :

« Est-il possible que les belles choses soient si imparfaites ! Cela
n'empêche pas, pour demeurer en nos premiers termes, que le
grand sonnet ne soit beau quoiqu'il ne soit pas parfait ; le petit non
plus ne laisse pas d'être beau dans mon opinion, et, dans celle
d'Aristote, d'être joli quoiqu'il ait ses taches et ses défauts, aussi
bien que le soleil. » Plus haut, il avait écrit ces autres lignes assez
curieuses : « J'eusse opiné peut-être pour *Uranie*, si j'eusse esté
de la conversation de l'hôtel de Longueville ; mais mon confesseur,
qui entend peu la galanterie de la Cour, et qui s'attache extrêmement
à la sévérité de la théologie, n'a garde d'être de mon advis. Il blasme
le sonnet d'*Uranie*, parce qu'il ne s'accorde pas avec la morale, et
celui de *Job*, parce qu'il offense la religion. Il ne peut souffrir qu'on
se serve de la religion pour faillir, et, beaucoup moins, qu'on employe
les choses saintes et le nom des saints à faire l'amour. Il n'y a point
d'apparence de me demander, après cela : Lequel des deux sonnets
aimeriez-vous avoir fait ? Je serais contraint de répondre que je ne
voudrais avoir fait ni l'un ni l'autre, parce que je ne veux point faire
de sonnet dont je sois obligé de me confesser. Mais quand il n'y
aurait pas de péché, il y aurait toujours de la messéance à un homme
de mon âge de se mesler de semblables choses ;

« Il a négé cinquante ans sur ma teste [1]. »

Comme on le voit, vingt-quatre années avaient apporté bien du
refroidissement dans l'admiration de Balzac pour *Uranie* [2].

En présence de ces résistances, de ces tergiversations et de ces
tiédeurs, madame de Longueville eut recours aux grands moyens ;
elle imagina de faire condamner l'opinion des récalcitrants par une

---

[1] *Dissertations critiques*, ch. 9.

[2] Id., ch. 1. Bayle trouvait la critique de Balzac un peu minutieuse, et il
disait que quand on examinait sa censure, on ne pouvait s'empescher de dire
qu'il y a d'excellentes pièces qui ont de grands défauts. Sallengre, p. 131.

décision de la Sorbonne[1] ou de l'Académie Française. Richelieu avait bien fait condamner, par cette compagnie, le *Cid* de Pierre Corneille ; la duchesse, s'autorisant de ce précédent, ne voyait pas pourquoi elle n'obtiendrait pas le même résultat que le cardinal.

Malheureusement pour elle, l'Académie, instruite par l'expérience, se montra plus sage que la première fois ; elle renvoya les parties devant leur juge naturel, le public[2]. La Sorbonne, imitant l'Académie, ne se reconnut pas compétente. Restait la Cour, juge suprême à cette époque en matière de bon goût ; mais l'influence de Benserade y était encore telle, que « la cause ayant été agitée en présence du roi, de la reine et des princes », on se convainquit rapidement de l'impossibilité d'arriver par ce moyen à une solution quelconque[3]. C'est en faisant allusion à ce résultat imprévu que Balzac disait : « On écrit de Paris d'étranges choses de ces deux sonnets ; on me mande qu'ils ont partagé la Cour, qu'ils ont divisé la maison royale, qu'ils ont séparé le frère d'avec la sœur. Je ne m'estonne pas de cette division et de ces partis, moi qui ai leu l'histoire de Constantinople, et qui sçay que la couleur d'une livrée et la façon d'un habillement ont esté la cause des plus grandes et des plus dangereuses factions[4] ».

Ainsi, malgré sa prodigieuse influence, madame de Longueville se trouvait battue sur ces trois points. Une autre femme se serait arrêtée là ; elle, au contraire, puisant dans ce triple échec une nouvelle énergie, résolut de tenter un dernier effort.

A cette époque, la jeune Université de Caen jouissait d'un renom considérable ; elle renfermait dans son sein des hommes d'une science

[1]
    N'espérez pas de mon génie
    Qu'il vous puisse dire tout net
    Lequel est le meilleur sonnet
    Celui de Job ou d'Uranie.
    Mais pour en parler sagement,
    Sans crainte d'offenser personne,
    Je m'en rapporte au jugement
    Qu'en feront Messieurs de Sorbonne.

[2] « L'Académie Française en a voulu connaître ; mais au lieu d'un arrêt, elle n'a qu'appointé les parties à écrire. » Lettre de M. Aubert. Hallœi *Opuscula.*

[3] Idem.

[4] *Dissertations critiques*, lettre neuvième.

incontestée; l'administration en était parfaitement entendue, et ses professeurs s'efforçaient, par leurs travaux, de propager sans cesse sa réputation. La ville abondait en hommes d'un commerce agréable, d'un esprit poli et de mœurs élégantes; madame de Sévigné leur décerne un magnifique éloge dans ses lettres, et le poète Jean du Rosset[1] ne rencontre jamais le nom de Caen sans entrer dans un enthousiasme sincère, mais dont les transports nous paraissent aujourd'hui légèrement exagérés. Ces quelques mots suffisent à expliquer pourquoi madame de Longueville, dont le mari avait le gouvernement de Normandie, et qui d'ailleurs avait été parfaitement reçue lors de son passage à Caen en 1648[2], songea naturellement à cette ville lorsque la Cour, la Sorbonne et l'Académie Française lui eurent fait défaut. Ce fut après la discussion solennelle qui eut lieu à la Cour en présence du roi, que madame de Longueville, embrassant définitivement ce parti, proposa et fit accepter, pour trancher le différend, l'arbitrage souverain et sans appel d'un des hommes les plus remarquables de la ville de Caen, du savant Antoine Halley. M. Aubert, aumônier de Son Altesse, fut chargé de correspondre, à ce sujet, avec le docte professeur, de le prier de « décider la question, après s'être entendu avec Messieurs les poètes et autres beaux esprits de la ville[3]. » Enfin, après plusieurs combats d'avant-garde, dans lesquels se distinguèrent principalement Augustin Le Haguais, Pierre Le Picard et Halley[4],

[1]

O Caen fertile en beaux esprits,
Qui dans un si petit pourpris
Dont ta muraille t'environne,
Surpasse le renom vivant
Dont se vont sans cesse élevant
Venouse, Mantoue et Verone.
Parmi tant de belles cités
Qui vantent leurs félicités,
O que tu dois être superbe,
Produisant trois soleils nouveaux :
Mon Bertaut et Desiveteaux,
Et l'incomparable Malherbe !

[2] Hallœi *Opuscula*, p. 204. Dessin des tableaux élevés sur les portes à la solennelle entrée de madame la duchesse de Longueville en la ville de Caen, le 26 mai 1648.

[3] Id., p. 287-302.   [4] Id., p. 383 et 55.

les cinq facultés se rendirent processionnellement, à l'occasion de
la semaine palinodiale, dans la chambre du grand Conseil; et là,
après avoir appelé dans leur sein A. Le Haguais et Nicolas du Mous-
tier, et avoir été officiéllement saisies de ce procès d'un nouveau
genre, elles décidèrent d'abord que les deux sonnets étaient parfaits,
et que la prélation de l'un ne pouvait pas faire injure à l'excellence
de l'autre [1].

Ceci était une précaution oratoire destinée à ménager la suscepti-
bilité du parti vaincu, quel qu'il fût. Puis, après ce préambule quelque
peu normand, l'assemblée, à une forte majorité, proclama la supé-
riorité du sonnet d'*Uranie*. La duchesse recueillait enfin le fruit de
sa laborieuse persévérance; elle avait triomphé. Malheureusement
Voiture était mort depuis longtemps. Le jugement du Puy de Caen
et les vers bouffons de Sarrazin furent pour lui ce que fut pour Le
Tasse le couronnement au Capitole [2].

Voici maintenant quelques passages de la lettre dans laquelle
Antoine Halley communique, au nom de l'Université, ce résultat à
M. l'abbé Aubert, à la date du 25 décembre 1643 :

« L'ordre de S. A. contenu dans votre lettre nous arriva dans la
« semaine que nous appelons palinodiale, durant laquelle toutes les
« facultés de notre Université, avec le choix des deux meilleurs esprits
« de la ville, s'assemblent pour le jugement des pièces et la distribu-
« tion des prix de notre Puy, qui a toujours eu tant de relief, que l'on
« y envoye des poësies latines et françaises de toutes les parts du
« royaume. Cette matière étant de sa compétence, je n'ay pas manqué,
« en proposant les deux sonnets à la compagnie, de luy faire lecture
« de votre belle lettre, qui a esté reçue comme une évocation au

---

[1] Hallœi *Opuscula*, p. 298.

[2] Sarrazin, t. II, p. 214. Voir aussi la pompe funèbre de Voiture, id., t. II, p. 4:

> Voiture (ce pauvre mortel,
> Ne doit plus être appelé tel),
> Voiture est mort, ami Mesnage,
> Voiture, qui si galamment
> Avait fait, je ne sais comment,
> Les Muses à son badinage,
> Voiture est mort... c'est grand dommage ! !

« grand sceau pour départager un procès, sur lequel Messieurs de
« l'Académie Française s'étaient trouvés partis. Outre cela, Monsieur,
« il n'y a point d'esprit de remarque dans la ville (qui certes, après
« Paris, en pourroit fournir autant que nulle autre de France) à qui
« je n'aie communiqué les deux ouvrages. Ils ont eu peine à se
« résoudre de juger, n'y trouvant pas la chose disposée. Chaque pièce,
« dans leur estime, méritoit beaucoup de louange et peu ou point
« de blasme. Et, de plus, ils se trouvoient empeschés à décider une
« préférence entre deux poëmes qui ne sont pas ny de mesme mesure
« ny sur mesme sujet. Toute espèce de chose peut avoir son point
« de perfection, et ils ont bien sçu me dire que les citrons de Pro-
« vence et les grenades d'Espagne ne faisoient pas de tort à leurs
« pommes.... Il m'a fallu leur prouver par raison deschole....
« qu'un diamant très fin devait être préféré à une très fine émeraude,
« et que, dans la béatitude mesme, qui est un état parfait, il y a de la
« prééminence... Notre Puy n'a pas longtemps hésité à donner son
« jugement, mais, parmy ceux de la ville, il s'est montré d'abord
« quelque contrariété ...... Il y a des goûts qui approuvent l'aigre
« et le doux, et d'autres qui aiment les douceurs pleines et consom-
« mées. Quelques-uns préfèrent l'odeur pénétrante de l'œillet à celle
« de la rose, et tel dans la musique ne prend pas grand plaisir à un
« concert qui témoigne des extases à une voix singulière... ......
« Enfin, ces ouvrages ayant souffert toutes les épreuves de l'art, l'on
« a reconnu que l'auteur de *Job* est un rare esprit, sublime en ses
« pointes, subtil, éveillé, aigu, qui a mieux réussi à faire admirer
« son invention que son ouvrage. Il est tout spirituel et sans doute
« mérite bien que l'on en fasse grand état. Le sonnet d'*Uranie* est
« coulant, majestueux, égal, resserré dans les règles de l'art, sans
« contrainte, qui n'a pas tant de sel, mais plus de douceur ; bref,
« qui parle mieux le langage des Muses, et ressent autant l'excellent
« poète que fait l'autre l'excellent esprit.
 « Ainsi, Monsieur, quand je donnerois mon sentiment à *Job*, que
« j'estime infiniment, il n'en seroit pas plus fortifié pour ce que le
« plus grand nombre l'emporte contre luy, auquel je suis obligé de
« souscrire. L'on a bien sçu que l'auteur de l'*Uranie* n'étoit plus
« vivant ; mais comme les poëtes disputent de l'immortalité avec les

« Dieux, il a été trouvé juste de couronner sa statue et de le rendre
« victorieux après sa mort [1]...... »

Telle fut la fin de cette rivalité de sonnets, qui fut une intrigue
de salon autant qu'un combat poétique. Le prince de Conti y fut
plutôt défait que Benserade, et l'arrêt de la compagnie Normande
donna la victoire beaucoup moins à Voiture qu'à madame de Longueville. C'était bien là la réalisation complète de la prophétie galante
de La Mesnardière, lorsque, s'adressant à madame de Longueville
à propos du sonnet de *Job*, il lui disait :

> « Aussi l'on croit que c'est à vous
> A lui faire rendre les armes,
> S'il est bien vrai qu'entre les charmes
> Les plus puissants soient les plus doux [2]. »

[1] Hallœi *Opuscula*, p. 296-298.

[2] *Poésies choisies*, p. 427.

Extrait de la REVUE DE ROUEN ET DE NORMANDIE.
== Mars 1852. ==

ROUEN. IMP. DE A. PÉRON.